REGISTRE UNIQUE DE SECURITE de l'entreprise :

_____

_____

_____

Présentation:

Le registre unique de sécurité fait partie des registres obligatoires que doit tenir l'entreprise. Celui-ci est obligatoire à partir de 1 salarié

Ce registre est obligatoire et a pour objet de reporter les renseignements indispensables à la bonne marche du service de sécurité de l'entreprise.

Avec ce Registre de Sécurité d'un Établissement recevant du Public (ERP), vous respecterez vos obligations légales,, vous reporterez sur le registre les vérifications techniques, les formations suivies par le personnel, les travaux réalisés, ainsi que les consignes nécessaires pour la sécurité de votre établissement..

REGISTRE UNIQUE DE SECURITE

Modèle de registre conforme à l'article R123-51 du Code de la Construction et de l'Habitation

Ce registre est divisé en quatre (4) parties :

I - Vérifications techniques
1) DATE DU CONTROLE
2) NOM ET QUALITE DE L'AGENT VERIFICATEUR
3) ETABLISSEMENT OU ORGANISME AGREE AUQUEL APPARTIENT L'AGENT VERIFICATEUR
4) OBJET DE LA VERIFICATION
5) OBSERVATIONS ESSENTIELLES ET URGENTES DATES ET OBSERVATIONS
6) N° DE REFERENCE DU RAPPORT CLASSE DANS LE DOSSIER SPECIAL
7) SIGNATURE DE L'AGENT VERIFICATEUR

II - Travaux réalisés
1) DATE DES TRAVAUX
2) NATURE DES TRAVAUX
3) NOM DU OU DES ENTREPRENEURS
4) NOM DE L'ARCHITECTE OU TECHNICIEN CHARGE DE SURVEILLER LES TRAVAUX

III - Formations suivies
1) DATE DE LA FORMATION
2) NOM ET PRENOMS
3) FONCTION
4) TELEPHONE
5) FORMATION A LA SECURITE INCENDIE

IV - Consignes
1) EMPLACEMENT TYPE DE CONSIGNE
2) DATE DE MISE A JOUR
3) PERSONNE CHARGEE DE LA MISE A JOUR
4) VISA

I - VÉRIFICATIONS TECHNIQUES

DATE DU CONTROLE	NOM ET QUALITE DE L'AGENT VERIFICATEUR	ETABLISSEMENT OU ORGANISME AGREE AUQUEL APPARTIENT L'AGENT VERIFICATEUR	OBJET DE LA VERIFICATION

OBSERVATIONS ESSENTIELLES ET URGENTES DATES ET OBSERVATIONS	N° DE REFERENCE DU RAPPORT CLASSE DANS LE DOSSIER SPECIAL	SIGNATURE DE L'AGENT VERIFICATEUR
OBSERVATIONS ESSENTIELLES ET URGENTES DATES ET OBSERVATIONS	N° DE REFERENCE DU RAPPORT CLASSE DANS LE DOSSIER SPECIAL	SIGNATURE DE L'AGENT VERIFICATEUR

DATE DU CONTROLE	NOM ET QUALITE DE L'AGENT VERIFICATEUR	ETABLISSEMENT OU ORGANISME AGREE AUQUEL APPARTIENT L'AGENT VERIFICATEUR	OBJET DE LA VERIFICATION

OBSERVATIONS ESSENTIELLES ET URGENTES DATES ET OBSERVATIONS	N° DE REFERENCE DU RAPPORT CLASSE DANS LE DOSSIER SPECIAL	SIGNATURE DE L'AGENT VERIFICATEUR

DATE DU CONTROLE	NOM ET QUALITE DE L'AGENT VERIFICATEUR	ETABLISSEMENT OU ORGANISME AGREE AUQUEL APPARTIENT L'AGENT VERIFICATEUR	OBJET DE LA VERIFICATION

OBSERVATIONS ESSENTIELLES ET URGENTES DATES ET OBSERVATIONS	N° DE REFERENCE DU RAPPORT CLASSE DANS LE DOSSIER SPECIAL	SIGNATURE DE L'AGENT VERIFICATEUR

DATE DU CONTROLE	NOM ET QUALITE DE L'AGENT VERIFICATEUR	ETABLISSEMENT OU ORGANISME AGREE AUQUEL APPARTIENT L'AGENT VERIFICATEUR	OBJET DE LA VERIFICATION

OBSERVATIONS ESSENTIELLES ET URGENTES DATES ET OBSERVATIONS	N° DE REFERENCE DU RAPPORT CLASSE DANS LE DOSSIER SPECIAL	SIGNATURE DE L'AGENT VERIFICATEUR

DATE DU CONTROLE	NOM ET QUALITE DE L'AGENT VERIFICATEUR	ETABLISSEMENT OU ORGANISME AGREE AUQUEL APPARTIENT L'AGENT VERIFICATEUR	OBJET DE LA VERIFICATION

OBSERVATIONS ESSENTIELLES ET URGENTES DATES ET OBSERVATIONS	N° DE REFERENCE DU RAPPORT CLASSE DANS LE DOSSIER SPECIAL	SIGNATURE DE L'AGENT VERIFICATEUR

DATE DU CONTROLE	NOM ET QUALITE DE L'AGENT VERIFICATEUR	ETABLISSEMENT OU ORGANISME AGREE AUQUEL APPARTIENT L'AGENT VERIFICATEUR	OBJET DE LA VERIFICATION

OBSERVATIONS ESSENTIELLES ET URGENTES DATES ET OBSERVATIONS	N° DE REFERENCE DU RAPPORT CLASSE DANS LE DOSSIER SPECIAL	SIGNATURE DE L'AGENT VERIFICATEUR

DATE DU CONTROLE	NOM ET QUALITE DE L'AGENT VERIFICATEUR	ETABLISSEMENT OU ORGANISME AGREE AUQUEL APPARTIENT L'AGENT VERIFICATEUR	OBJET DE LA VERIFICATION

OBSERVATIONS ESSENTIELLES ET URGENTES DATES ET OBSERVATIONS	N° DE REFERENCE DU RAPPORT CLASSE DANS LE DOSSIER SPECIAL	SIGNATURE DE L'AGENT VERIFICATEUR
OBSERVATIONS ESSENTIELLES ET URGENTES DATES ET OBSERVATIONS	N° DE REFERENCE DU RAPPORT CLASSE DANS LE DOSSIER SPECIAL	SIGNATURE DE L'AGENT VERIFICATEUR

DATE DU CONTROLE	NOM ET QUALITE DE L'AGENT VERIFICATEUR	ETABLISSEMENT OU ORGANISME AGREE AUQUEL APPARTIENT L'AGENT VERIFICATEUR	OBJET DE LA VERIFICATION

OBSERVATIONS ESSENTIELLES ET URGENTES DATES ET OBSERVATIONS	N° DE REFERENCE DU RAPPORT CLASSE DANS LE DOSSIER SPECIAL	SIGNATURE DE L'AGENT VERIFICATEUR
OBSERVATIONS ESSENTIELLES ET URGENTES DATES ET OBSERVATIONS	N° DE REFERENCE DU RAPPORT CLASSE DANS LE DOSSIER SPECIAL	SIGNATURE DE L'AGENT VERIFICATEUR

DATE DU CONTROLE	NOM ET QUALITE DE L'AGENT VERIFICATEUR	ETABLISSEMENT OU ORGANISME AGREE AUQUEL APPARTIENT L'AGENT VERIFICATEUR	OBJET DE LA VERIFICATION

OBSERVATIONS ESSENTIELLES ET URGENTES DATES ET OBSERVATIONS	N° DE REFERENCE DU RAPPORT CLASSE DANS LE DOSSIER SPECIAL	SIGNATURE DE L'AGENT VERIFICATEUR
OBSERVATIONS ESSENTIELLES ET URGENTES DATES ET OBSERVATIONS	N° DE REFERENCE DU RAPPORT CLASSE DANS LE DOSSIER SPECIAL	SIGNATURE DE L'AGENT VERIFICATEUR

DATE DU CONTROLE	NOM ET QUALITE DE L'AGENT VERIFICATEUR	ETABLISSEMENT OU ORGANISME AGREE AUQUEL APPARTIENT L'AGENT VERIFICATEUR	OBJET DE LA VERIFICATION

OBSERVATIONS ESSENTIELLES ET URGENTES DATES ET OBSERVATIONS	N° DE REFERENCE DU RAPPORT CLASSE DANS LE DOSSIER SPECIAL	SIGNATURE DE L'AGENT VERIFICATEUR

DATE DU CONTROLE	NOM ET QUALITE DE L'AGENT VERIFICATEUR	ETABLISSEMENT OU ORGANISME AGREE AUQUEL APPARTIENT L'AGENT VERIFICATEUR	OBJET DE LA VERIFICATION

OBSERVATIONS ESSENTIELLES ET URGENTES DATES ET OBSERVATIONS	N° DE REFERENCE DU RAPPORT CLASSE DANS LE DOSSIER SPECIAL	SIGNATURE DE L'AGENT VERIFICATEUR

DATE DU CONTROLE	NOM ET QUALITE DE L'AGENT VERIFICATEUR	ETABLISSEMENT OU ORGANISME AGREE AUQUEL APPARTIENT L'AGENT VERIFICATEUR	OBJET DE LA VERIFICATION

OBSERVATIONS ESSENTIELLES ET URGENTES DATES ET OBSERVATIONS	N° DE REFERENCE DU RAPPORT CLASSE DANS LE DOSSIER SPECIAL	SIGNATURE DE L'AGENT VERIFICATEUR

DATE DU CONTROLE	NOM ET QUALITE DE L'AGENT VERIFICATEUR	ETABLISSEMENT OU ORGANISME AGREE AUQUEL APPARTIENT L'AGENT VERIFICATEUR	OBJET DE LA VERIFICATION

OBSERVATIONS ESSENTIELLES ET URGENTES DATES ET OBSERVATIONS	N° DE REFERENCE DU RAPPORT CLASSE DANS LE DOSSIER SPECIAL	SIGNATURE DE L'AGENT VERIFICATEUR

DATE DU CONTROLE	NOM ET QUALITE DE L'AGENT VERIFICATEUR	ETABLISSEMENT OU ORGANISME AGREE AUQUEL APPARTIENT L'AGENT VERIFICATEUR	OBJET DE LA VERIFICATION

OBSERVATIONS ESSENTIELLES ET URGENTES DATES ET OBSERVATIONS	N° DE REFERENCE DU RAPPORT CLASSE DANS LE DOSSIER SPECIAL	SIGNATURE DE L'AGENT VERIFICATEUR

DATE DU CONTROLE	NOM ET QUALITE DE L'AGENT VERIFICATEUR	ETABLISSEMENT OU ORGANISME AGREE AUQUEL APPARTIENT L'AGENT VERIFICATEUR	OBJET DE LA VERIFICATION

OBSERVATIONS ESSENTIELLES ET URGENTES DATES ET OBSERVATIONS	N° DE REFERENCE DU RAPPORT CLASSE DANS LE DOSSIER SPECIAL	SIGNATURE DE L'AGENT VERIFICATEUR
OBSERVATIONS ESSENTIELLES ET URGENTES DATES ET OBSERVATIONS	**N° DE REFERENCE DU RAPPORT CLASSE DANS LE DOSSIER SPECIAL**	**SIGNATURE DE L'AGENT VERIFICATEUR**

DATE DU CONTROLE	NOM ET QUALITE DE L'AGENT VERIFICATEUR	ETABLISSEMENT OU ORGANISME AGREE AUQUEL APPARTIENT L'AGENT VERIFICATEUR	OBJET DE LA VERIFICATION

OBSERVATIONS ESSENTIELLES ET URGENTES DATES ET OBSERVATIONS	N° DE REFERENCE DU RAPPORT CLASSE DANS LE DOSSIER SPECIAL	SIGNATURE DE L'AGENT VERIFICATEUR

DATE DU CONTROLE	NOM ET QUALITE DE L'AGENT VERIFICATEUR	ETABLISSEMENT OU ORGANISME AGREE AUQUEL APPARTIENT L'AGENT VERIFICATEUR	OBJET DE LA VERIFICATION

OBSERVATIONS ESSENTIELLES ET URGENTES DATES ET OBSERVATIONS	N° DE REFERENCE DU RAPPORT CLASSE DANS LE DOSSIER SPECIAL	SIGNATURE DE L'AGENT VERIFICATEUR
OBSERVATIONS ESSENTIELLES ET URGENTES DATES ET OBSERVATIONS	N° DE REFERENCE DU RAPPORT CLASSE DANS LE DOSSIER SPECIAL	SIGNATURE DE L'AGENT VERIFICATEUR

DATE DU CONTROLE	NOM ET QUALITE DE L'AGENT VERIFICATEUR	ETABLISSEMENT OU ORGANISME AGREE AUQUEL APPARTIENT L'AGENT VERIFICATEUR	OBJET DE LA VERIFICATION

OBSERVATIONS ESSENTIELLES ET URGENTES DATES ET OBSERVATIONS	N° DE REFERENCE DU RAPPORT CLASSE DANS LE DOSSIER SPECIAL	SIGNATURE DE L'AGENT VERIFICATEUR

DATE DU CONTROLE	NOM ET QUALITE DE L'AGENT VERIFICATEUR	ETABLISSEMENT OU ORGANISME AGREE AUQUEL APPARTIENT L'AGENT VERIFICATEUR	OBJET DE LA VERIFICATION

OBSERVATIONS ESSENTIELLES ET URGENTES DATES ET OBSERVATIONS	N° DE REFERENCE DU RAPPORT CLASSE DANS LE DOSSIER SPECIAL	SIGNATURE DE L'AGENT VERIFICATEUR

DATE DU CONTROLE	NOM ET QUALITE DE L'AGENT VERIFICATEUR	ETABLISSEMENT OU ORGANISME AGREE AUQUEL APPARTIENT L'AGENT VERIFICATEUR	OBJET DE LA VERIFICATION

OBSERVATIONS ESSENTIELLES ET URGENTES DATES ET OBSERVATIONS	N° DE REFERENCE DU RAPPORT CLASSE DANS LE DOSSIER SPECIAL	SIGNATURE DE L'AGENT VERIFICATEUR

DATE DU CONTROLE	NOM ET QUALITE DE L'AGENT VERIFICATEUR	ETABLISSEMENT OU ORGANISME AGREE AUQUEL APPARTIENT L'AGENT VERIFICATEUR	OBJET DE LA VERIFICATION

OBSERVATIONS ESSENTIELLES ET URGENTES DATES ET OBSERVATIONS	N° DE REFERENCE DU RAPPORT CLASSE DANS LE DOSSIER SPECIAL	SIGNATURE DE L'AGENT VERIFICATEUR
OBSERVATIONS ESSENTIELLES ET URGENTES DATES ET OBSERVATIONS	N° DE REFERENCE DU RAPPORT CLASSE DANS LE DOSSIER SPECIAL	SIGNATURE DE L'AGENT VERIFICATEUR

DATE DU CONTROLE	NOM ET QUALITE DE L'AGENT VERIFICATEUR	ETABLISSEMENT OU ORGANISME AGREE AUQUEL APPARTIENT L'AGENT VERIFICATEUR	OBJET DE LA VERIFICATION

OBSERVATIONS ESSENTIELLES ET URGENTES DATES ET OBSERVATIONS	N° DE REFERENCE DU RAPPORT CLASSE DANS LE DOSSIER SPECIAL	SIGNATURE DE L'AGENT VERIFICATEUR

DATE DU CONTROLE	NOM ET QUALITE DE L'AGENT VERIFICATEUR	ETABLISSEMENT OU ORGANISME AGREE AUQUEL APPARTIENT L'AGENT VERIFICATEUR	OBJET DE LA VERIFICATION

OBSERVATIONS ESSENTIELLES ET URGENTES DATES ET OBSERVATIONS	N° DE REFERENCE DU RAPPORT CLASSE DANS LE DOSSIER SPECIAL	SIGNATURE DE L'AGENT VERIFICATEUR

DATE DU CONTROLE	NOM ET QUALITE DE L'AGENT VERIFICATEUR	ETABLISSEMENT OU ORGANISME AGREE AUQUEL APPARTIENT L'AGENT VERIFICATEUR	OBJET DE LA VERIFICATION

OBSERVATIONS ESSENTIELLES ET URGENTES DATES ET OBSERVATIONS	N° DE REFERENCE DU RAPPORT CLASSE DANS LE DOSSIER SPECIAL	SIGNATURE DE L'AGENT VERIFICATEUR

DATE DU CONTROLE	NOM ET QUALITE DE L'AGENT VERIFICATEUR	ETABLISSEMENT OU ORGANISME AGREE AUQUEL APPARTIENT L'AGENT VERIFICATEUR	OBJET DE LA VERIFICATION

OBSERVATIONS ESSENTIELLES ET URGENTES DATES ET OBSERVATIONS	N° DE REFERENCE DU RAPPORT CLASSE DANS LE DOSSIER SPECIAL	SIGNATURE DE L'AGENT VERIFICATEUR

DATE DU CONTROLE	NOM ET QUALITE DE L'AGENT VERIFICATEUR	ETABLISSEMENT OU ORGANISME AGREE AUQUEL APPARTIENT L'AGENT VERIFICATEUR	OBJET DE LA VERIFICATION

OBSERVATIONS ESSENTIELLES ET URGENTES DATES ET OBSERVATIONS	N° DE REFERENCE DU RAPPORT CLASSE DANS LE DOSSIER SPECIAL	SIGNATURE DE L'AGENT VERIFICATEUR

DATE DU CONTROLE	NOM ET QUALITE DE L'AGENT VERIFICATEUR	ETABLISSEMENT OU ORGANISME AGREE AUQUEL APPARTIENT L'AGENT VERIFICATEUR	OBJET DE LA VERIFICATION

OBSERVATIONS ESSENTIELLES ET URGENTES DATES ET OBSERVATIONS	N° DE REFERENCE DU RAPPORT CLASSE DANS LE DOSSIER SPECIAL	SIGNATURE DE L'AGENT VERIFICATEUR
OBSERVATIONS ESSENTIELLES ET URGENTES DATES ET OBSERVATIONS	N° DE REFERENCE DU RAPPORT CLASSE DANS LE DOSSIER SPECIAL	SIGNATURE DE L'AGENT VERIFICATEUR

DATE DU CONTROLE	NOM ET QUALITE DE L'AGENT VERIFICATEUR	ETABLISSEMENT OU ORGANISME AGREE AUQUEL APPARTIENT L'AGENT VERIFICATEUR	OBJET DE LA VERIFICATION

OBSERVATIONS ESSENTIELLES ET URGENTES DATES ET OBSERVATIONS	N° DE REFERENCE DU RAPPORT CLASSE DANS LE DOSSIER SPECIAL	SIGNATURE DE L'AGENT VERIFICATEUR

DATE DU CONTROLE	NOM ET QUALITE DE L'AGENT VERIFICATEUR	ETABLISSEMENT OU ORGANISME AGREE AUQUEL APPARTIENT L'AGENT VERIFICATEUR	OBJET DE LA VERIFICATION

OBSERVATIONS ESSENTIELLES ET URGENTES DATES ET OBSERVATIONS	N° DE REFERENCE DU RAPPORT CLASSE DANS LE DOSSIER SPECIAL	SIGNATURE DE L'AGENT VERIFICATEUR

DATE DU CONTROLE	NOM ET QUALITE DE L'AGENT VERIFICATEUR	ETABLISSEMENT OU ORGANISME AGREE AUQUEL APPARTIENT L'AGENT VERIFICATEUR	OBJET DE LA VERIFICATION

OBSERVATIONS ESSENTIELLES ET URGENTES DATES ET OBSERVATIONS	N° DE REFERENCE DU RAPPORT CLASSE DANS LE DOSSIER SPECIAL	SIGNATURE DE L'AGENT VERIFICATEUR

DATE DU CONTROLE	NOM ET QUALITE DE L'AGENT VERIFICATEUR	ETABLISSEMENT OU ORGANISME AGREE AUQUEL APPARTIENT L'AGENT VERIFICATEUR	OBJET DE LA VERIFICATION

OBSERVATIONS ESSENTIELLES ET URGENTES DATES ET OBSERVATIONS	N° DE REFERENCE DU RAPPORT CLASSE DANS LE DOSSIER SPECIAL	SIGNATURE DE L'AGENT VERIFICATEUR

DATE DU CONTROLE	NOM ET QUALITE DE L'AGENT VERIFICATEUR	ETABLISSEMENT OU ORGANISME AGREE AUQUEL APPARTIENT L'AGENT VERIFICATEUR	OBJET DE LA VERIFICATION

OBSERVATIONS ESSENTIELLES ET URGENTES DATES ET OBSERVATIONS	N° DE REFERENCE DU RAPPORT CLASSE DANS LE DOSSIER SPECIAL	SIGNATURE DE L'AGENT VERIFICATEUR

DATE DU CONTROLE	NOM ET QUALITE DE L'AGENT VERIFICATEUR	ETABLISSEMENT OU ORGANISME AGREE AUQUEL APPARTIENT L'AGENT VERIFICATEUR	OBJET DE LA VERIFICATION

OBSERVATIONS ESSENTIELLES ET URGENTES DATES ET OBSERVATIONS	N° DE REFERENCE DU RAPPORT CLASSE DANS LE DOSSIER SPECIAL	SIGNATURE DE L'AGENT VERIFICATEUR

DATE DU CONTROLE	NOM ET QUALITE DE L'AGENT VERIFICATEUR	ETABLISSEMENT OU ORGANISME AGREE AUQUEL APPARTIENT L'AGENT VERIFICATEUR	OBJET DE LA VERIFICATION

OBSERVATIONS ESSENTIELLES ET URGENTES DATES ET OBSERVATIONS	N° DE REFERENCE DU RAPPORT CLASSE DANS LE DOSSIER SPECIAL	SIGNATURE DE L'AGENT VERIFICATEUR

DATE DU CONTROLE	NOM ET QUALITE DE L'AGENT VERIFICATEUR	ETABLISSEMENT OU ORGANISME AGREE AUQUEL APPARTIENT L'AGENT VERIFICATEUR	OBJET DE LA VERIFICATION

OBSERVATIONS ESSENTIELLES ET URGENTES DATES ET OBSERVATIONS	N° DE REFERENCE DU RAPPORT CLASSE DANS LE DOSSIER SPECIAL	SIGNATURE DE L'AGENT VERIFICATEUR

DATE DU CONTROLE	NOM ET QUALITE DE L'AGENT VERIFICATEUR	ETABLISSEMENT OU ORGANISME AGREE AUQUEL APPARTIENT L'AGENT VERIFICATEUR	OBJET DE LA VERIFICATION

OBSERVATIONS ESSENTIELLES ET URGENTES DATES ET OBSERVATIONS	N° DE REFERENCE DU RAPPORT CLASSE DANS LE DOSSIER SPECIAL	SIGNATURE DE L'AGENT VERIFICATEUR

II - TRAVAUX RÉALISÉS

DATE DES TRAVAUX	NATURE DES TRAVAUX	NOM DU OU DES ENTREPRENEURS	NOM DE L'ARCHITECTE OU TECHNICIEN CHARGE DE SURVEILLER LES TRAVAUX

DATE DES TRAVAUX	NATURE DES TRAVAUX	NOM DU OU DES ENTREPRENEURS	NOM DE L'ARCHITECTE OU TECHNICIEN CHARGE DE SURVEILLER LES TRAVAUX

DATE DES TRAVAUX	NATURE DES TRAVAUX	NOM DU OU DES ENTREPRENEURS	NOM DE L'ARCHITECTE OU TECHNICIEN CHARGE DE SURVEILLER LES TRAVAUX

DATE DES TRAVAUX	NATURE DES TRAVAUX	NOM DU OU DES ENTREPRENEURS	NOM DE L'ARCHITECTE OU TECHNICIEN CHARGE DE SURVEILLER LES TRAVAUX

DATE DES TRAVAUX	NATURE DES TRAVAUX	NOM DU OU DES ENTREPRENEURS	NOM DE L'ARCHITECTE OU TECHNICIEN CHARGE DE SURVEILLER LES TRAVAUX

DATE DES TRAVAUX	NATURE DES TRAVAUX	NOM DU OU DES ENTREPRENEURS	NOM DE L'ARCHITECTE OU TECHNICIEN CHARGE DE SURVEILLER LES TRAVAUX

DATE DES TRAVAUX	NATURE DES TRAVAUX	NOM DU OU DES ENTREPRENEURS	NOM DE L'ARCHITECTE OU TECHNICIEN CHARGE DE SURVEILLER LES TRAVAUX

III - FORMATIONS SUIVIES

DATE DE LA FORMATION	NOM ET PRENOMS	FONCTION	TELEPHONE	FORMATION A LA SECURITE INCENDIE

DATE DE LA FORMATION	NOM ET PRENOMS	FONCTION	TELEPHONE	FORMATION A LA SECURITE INCENDIE

DATE DE LA FORMATION	NOM ET PRENOMS	FONCTION	TELEPHONE	FORMATION A LA SECURITE INCENDIE

DATE DE LA FORMATION	NOM ET PRENOMS	FONCTION	TELEPHONE	FORMATION A LA SECURITE INCENDIE

DATE DE LA FORMATION	NOM ET PRENOMS	FONCTION	TELEPHONE	FORMATION A LA SECURITE INCENDIE

DATE DE LA FORMATION	NOM ET PRENOMS	FONCTION	TELEPHONE	FORMATION A LA SECURITE INCENDIE

DATE DE LA FORMATION	NOM ET PRENOMS	FONCTION	TELEPHONE	FORMATION A LA SECURITE INCENDIE

IV - CONSIGNES

EMPLACEMENT TYPE DE CONSIGNE	DATE DE MISE A JOUR	PERSONNE CHARGEE DE LA MISE A JOUR	VISA

EMPLACEMENT TYPE DE CONSIGNE	DATE DE MISE A JOUR	PERSONNE CHARGEE DE LA MISE A JOUR	VISA
EMPLACEMENT TYPE DE CONSIGNE	DATE DE MISE A JOUR	PERSONNE CHARGEE DE LA MISE A JOUR	VISA

EMPLACEMENT TYPE DE CONSIGNE	DATE DE MISE A JOUR	PERSONNE CHARGEE DE LA MISE A JOUR	VISA

EMPLACEMENT TYPE DE CONSIGNE	DATE DE MISE A JOUR	PERSONNE CHARGEE DE LA MISE A JOUR	VISA

EMPLACEMENT TYPE DE CONSIGNE	DATE DE MISE A JOUR	PERSONNE CHARGEE DE LA MISE A JOUR	VISA

EMPLACEMENT TYPE DE CONSIGNE	DATE DE MISE A JOUR	PERSONNE CHARGEE DE LA MISE A JOUR	VISA
EMPLACEMENT TYPE DE CONSIGNE	DATE DE MISE A JOUR	PERSONNE CHARGEE DE LA MISE A JOUR	VISA

Printed in France by Amazon
Brétigny-sur-Orge, FR